Mônica Venerotti

Desalma

Copyright© 2023 by Literare Books International.
Todos os direitos desta edição são reservados à Literare Books International.

Presidente:
Mauricio Sita

Vice-presidente:
Alessandra Ksenhuck

Chief Product Officer:
Julyana Rosa

Diretora de projetos:
Gleide Santos

Chief Sales Officer:
Claudia Pires

Capa, projeto gráfico e diagramação:
Gabriel Uchima

Revisão:
Rodrigo Rainho

Impressão:
Gráfica Impress

Dados Internacionais de Catalogação na Publicação (CIP)
(eDOC BRASIL, Belo Horizonte/MG)

V456d Venerotti, Mônica.
　　　　Desalma / Mônica Venerotti. – São Paulo, SP: Literare Books International, 2023.
　　　　14 x 21 cm

　　　　ISBN 978-65-5922-559-0

　　　　1. Literatura brasileira – Poesia. I. Título.
　　　　　　　　　　　　　　　　　　　　　　　　CDD B869.1

Elaborado por Maurício Amormino Júnior – CRB6/2422

Literare Books International Ltda.
Alameda dos Guatás, 102 – Saúde– São Paulo, SP.
CEP 04053-040
Fone: (0**11) 2659-0968
site: www.literarebooks.com.br
e-mail: contato@literarebooks.com.br

Este livro contém:

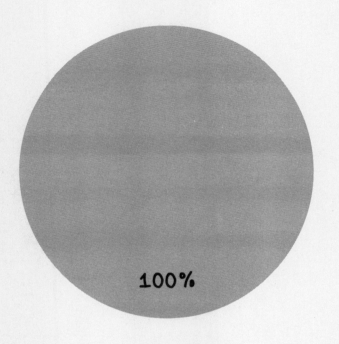

100%

■ Alma

DEDICATÓRIA

Minha gratidão não cabe em uma página de dedicatória, mas dedico esse livro aos que nunca deixaram o meu lado e aos que chegaram depois e continuaram aqui.

Vos apresento uma versão minha que espero que gostem de conhecer.

Com muito amor,

Mônica Venerotti

PREFÁCIO

O meu primeiro contato com a Mônica, autora de *Desalma*, foi em meados de 2021, e ela era apenas uma jovem iniciando seus trabalhos com a poesia. Escrevi o prefácio do seu primeiro livro, *Desnuda*, e falei sobre sua sensibilidade e o seu dom.

Eu me peguei com os olhos marejados enquanto lia *Desalma*, não sei se por me orgulhar da menina que cresceu, da poeta que amadureceu, ou por me reconhecer e me conectar com suas dores e seus amores.

Em um trecho de *Bagunça particular,* a autora diz:

Um dia vou ser como ela
forte
revolucionária
artista
extraordinária
foda

Spoiler, você já é Mônica!

A sua força, a sua revolução, o seu talento e o seu brilho estão em cada um dos versos deste livro.

Obrigada por dividir conosco o sentir e o ser extraordinários.

Lila Polese

SUMÁRIO

1. COMUNICAÇÃO POÉTICA 15

2. REVOLUÇÃO, ARTE 16

3. INTENSIDADE = EU 17

4. INCONVENIÊNCIA, EU 19

5. HOLOFOTE QUE INCENDEIA 20

6. FAZ POR MERECER 21

7. DEVOTA? 22

8. REFLEXOS SEUS, MEUS 23

9. (SER) SOZINHA 24

10. CHEGOU E QUEBROU, PARTIU E CONSERTOU 25

11. DATA DE VALIDADE 26

12. TEMPO TE LEVOU 27

13. AMOR DOLORIDO 28

14. O TALENTO DE CUSPIR 29

15. VAZIA A OLHO NU 30

16. FÁBRICA SEM DESFECHO 31

17. SEMPRE DÓI ASSIM? 32

18. DESEJO DO PLURAL 33

19. DANÇOU COM MEU CORAÇÃO 34

20. OBRIGADA! 35

21. MEDO DA PAIXÃO 36

22. CORES DE DENTRO 37

23. IMORTALIDADE 38

24. RENASCIMENTO DAS BORBOLETAS 39

25. ASAS COM COORDENADAS 40

26. 4 INFINITOS 41

27. CONFESSO POETICAMENTE 42

28. DISTORÇÃO 43

29. CORAÇÃO COM PERNAS 44

30. ENTRELAÇADA COM A DOR 45

31. MORTA 46

32. AMOR ESTRANHO 47

33. VOO LIVRE 48

34. SUPERIORIDADE INJUSTA 49

35. GRITO SILENCIOSO 50

36. PAGUE O FALSO AMOR 51

37. PRESENÇA INVISÍVEL 52

38. EXISTÊNCIA DETESTÁVEL 53

39. COMA INDUZIDO 54

40. EU E AQUI DENTRO 55

41. IRMANDADE 56

42. SUPORTE GENUÍNO 57

43. ESGOTADA 58

44. BAGUNÇA PARTICULAR 59

45. OBLIQUIDADE 60

46. SEGUNDOS INSTANTÂNEOS 61

47. CUSPIDA PELA ÚLTIMA VEZ 62

48. LIBERDADE EXISTENCIAL 63

49. MEMÓRIAS DETESTÁVEIS 64

50. PIQUE-ESCONDE 65

51. INDECISÃO MORTAL 66

52. ME DEVOLVA A MIM 67

53. HUMANIDADE RACIAL 68

54. (E)STADO CRÍTICO 69

55. MIRA-ALVO 70

56. SEDE DE MIM 71

57. SEDE DE ÓDIO 72

58. FLORES MORTAS 73

59. ALMAS UNIVITELINAS 74

60. ACASO CERTEIRO 75

61. CALMARIA DO DESEJO 76

62. CALOR PARTICULAR 77

63. ME DEVORE POR DENTRO 78

64. PECINHAS DO AMOR 79

65. FAÇA SEUS OS MEUS 80

66. CORAÇÕES EQUIVALENTES 81

67. SINAL EM FORMA DE GENTE 82

68. BOIANDO NO TEU MAR 83

69. SENTINDO POR ACASO 84

70. APLAUSOS PELA ALMA 85

71. SEGREDO POÉTICO 86

72. A ARTE DE VIVER 87

73. TRANSFORMAÇÃO ARTÍSTICA 88

74. TÚMULO(S) DE MIM 89

75. AR(DOR) 90

76. 12 MORTES 91

77. UM DE CADA VEZ 92

78. COREOGRAFIA VITAL 93

79. DE CORPO, MENTE E ALMA 94

80. DESALMA 95

COMUNICAÇÃO POÉTICA

Tanta coisa dentro de mim que não cabe em poesia.
Mal coube aqui na alma.
Ouvi tanto sobre mim que tomei como realidade.
Tanta coisa acontecendo que fui incapaz de enxergar
minha verdade.
Mas agora que vi
respondo em poesia.
No fim das contas ela é minha anestesia.
Minha liberdade.
Minha dose diária de humanidade.

REVOLUÇÃO, ARTE

Arte é potência.
Ser artista é resistência.
Ainda mais em tempos em que ser real é crime com pena de morte.
Puta falta de sorte.
Mas tudo bem.
Não é só sorte, vai muito além.
Pra ser artista é necessário coragem também.
Coragem pra ser de verdade.
Num mundo preenchido por vazios lotados de ninguéns.

3 INTENSIDADE = EU

Me odeio por me odiar.

Me odeio por não conseguir me amar.

Me odeio por não conseguir te ajudar.

Pessoas moldáveis são fáceis de explicar.

Elas só se camuflam, não tem muito o que falar.

Queria eu ser assim, poder me esconder de mim.

Mas a intensidade me olha e eu grito:

Sim!

É você.

Sou eu.

Capítulos de um livro que ninguém nunca leu, é meu, mas é seu também.

Nossa alma vai além.

E todas as minhas páginas, você sabe até quantas tem.

A narrativa é minha.

Não posso me apagar.

Me retirar.

Senão tudo simplesmente iria acabar.

Eu nunca aprenderia a me amar.

E eu não teria mais você para cuidar.

Por mais que seja algo de se almejar, não posso me deixar levar.

4 INCONVENIÊNCIA, EU

Me odeio.
Me envergonho.
Me dou desgosto.
Nada de novo.
Se eu tenho todo esse ódio por mim, imagina os outros.
Você queria que eu fosse diferente, né?
Entra na fila então.
Ela é longa, mas sem furar.
Cada um me rejeita em seu devido lugar.
Sorte que eu sou a primeira, não sou muito paciente.
Sei que incomoda, mas fica tranquilo, já vou indo.
Cansei de ser a inconveniente.

5 HOLOFOTE QUE INCENDEIA

Por um momento me fez acreditar que eu tinha alguma importância na sua vida.
A tal magia do teatro, né?
Acreditei até que eu poderia ser ouvida.
Vista.
Mas pra você não passou de um ato de caridade.
Pena.
Parabéns pela cena.
Foi de uma genialidade suprema.

6 FAZ POR MERECER

Me quebra direito.
Por favor faz com o mínimo de respeito.
Pega o meu coração e pisa nele.
Destroça ele.
Me faz ter vontade de chorar escrevendo um texto.
Me faz ter vontade de pular do parapeito.
Mas por favor, não me quebra fraco desse jeito.

7 DEVOTA?

Gratidão não é sinônimo de devoção.
Eu não te devo nada, no máximo um "obrigada".
E talvez nem isso.
Preciso te agradecer por acabar comigo?
Obrigada então por me quebrar em pedacinhos.
Milhares de fragmentos de mim que eu fui forte o suficiente para colar.
Rearranjar.
E, finalmente, me encontrar.

REFLEXOS SEUS, MEUS

Tava me procurando.
Olhei no espelho.
Vi você, mas não me achei.
Chorei.
Joguei o espelho no chão e quebrei.
Ali sim eu me encontrei.
Em dezenas de pedaços quebrados.
Mas lindos.
Pontudos.
Cortantes.
Exagerados.

9 (SER) SOZINHA

Me dobrei.
Me amassei.
Me virei do avesso pra tentar caber em você.
Mas eu transbordo.
Não caibo.
Nunca fui suficiente.
Mas pra mim, no espelho.
Me exibo.
Sinto.
Não quero mais ser sua aventurazinha.
Fico feliz em viver sozinha.

10 CHEGOU E QUEBROU, PARTIU E CONSERTOU

Espero que esteja bem.
Você me fez tão mal que foi fácil acostumar a viver sem.
Achei que não teria amanhã se não existisse você hoje.
Mas você foi.
E o dia nasceu mais feliz também.
As pessoas vão embora na mesma intensidade em que chegam.
E você foi de maneira tão intensa que me fez voar.
Finalmente consegui me libertar.

11 — DATA DE VALIDADE

Você cansou o meu amor.
Energizou minha dor.
Me desalmou.
Pisoteou.
Senti que meu coração expirou.
Mas meu próprio reflexo no espelho me salvou.
Aquele mesmo espelho que um dia você quebrou.
Eu fui o motivo pelo qual minha própria dor acabou.

12 TEMPO TE LEVOU

Me dei um tapa toda vez que lembrei de você.
Meu rosto já está completamente inchado, vermelho e dolorido.
Te enxergo em cada mísero canto desse mundinho maldito.
Ontem consegui não te enxergar nas tulipas.
Inédito.
Sempre te vejo por lá.
Quem dera eu conseguisse não te enxergar pela janela do prédio.
Mas o tempo é o remédio.
Me resta esperar ele passar.

13 AMOR DOLORIDO

Dizem que o amor não dói.
Que não é pra doer.
Mas como eu vou saber?
Meu amor era leve até você aparecer.
Apareceu e me tirou de mim.
Simples assim.
Te pedi para contar e desapareci antes de você chegar no três.
Não tô disposta a me perder mais uma vez.

14 O TALENTO DE CUSPIR

Você cuspia as palavras com tanta maestria que eu cheguei a acreditar.
Delirar.
Me emocionar.
Mas de repente desejei que pudesse parar de escutar.
Tava bom demais pra ser verdade, e coisa assim é raridade.
Tão raro que mais uma vez era mentira.
Coletei e joguei fora todas as palavras que você me cuspia.

15 — VAZIA A OLHO NU

Às vezes tenho medo de mim.
Eu realmente tô tão vazia assim?
Se eu falhar, saiba que eu tentei.
Até pra sentir eu me esforcei.
Não sabia que teria que me virar do avesso pra conseguir sentir alguma coisa.
Falei que estava bem e me chamaram de doida
"nossa, como você é fria".
Só por eu não me deixar ir pro fundo do poço do teu lado?
É, talvez de fato eu esteja vazia.
De ódio.
Transbordando de amor.
E, em primeiro lugar, no meu próprio pódio.

16 FÁBRICA SEM DESFECHO

A dor é uma fábrica de poemas em funcionamento constante.
Ela nunca fecha.
Ninguém nunca para de trabalhar.
É desconcertante.
Estranhamente excitante.
Afinal, sem a dor nada mais é importante.
Ela que te faz existir.
Refletir.
E especialmente sentir.

17 SEMPRE DÓI ASSIM?

Lágrimas largadas.
Usadas.
Repetidas.
Reutilizadas.
Quero sentir de novo.
Sentir de verdade.
Amar tão forte que me dê vontade de chorar.
Mas não de dor.
Dessa vez, de felicidade.

18 — DESEJO DO PLURAL

Buscando a pluralidade.
Cansei de ser singular.
É bom me amar, mas é uma delícia ter alguém pra somar.
Outro corpo pra desvendar.
Outra alma para amar.
Meu coração bateu na porta e dessa vez eu abri.
Vem, pode entrar.

19 DANÇOU COM MEU CORAÇÃO

Ela dança.
Encanta.
Conta uma história com o corpo e os males espanta.
Clichê, mas é verdade.
Uma mina assim é raridade.
Nem parece que é real.
Mas é.
Tão real que te desequilibra.
Desestabiliza.
E simples assim.
O mundo todo vibra.

20 OBRIGADA!

Você chegou quando eu tava perdida.
Cada mísera coisa ameaçando a continuidade da minha vida.
Até então era desconhecida.
Mas se mostrou pra mim a alma mais divertida.
Ressignificou.
Me salvou.
Fico eternamente agradecida.

21 MEDO DA PAIXÃO

Me desafiei a olhar para as coisas sem lembrar de você.
Falhei.
Perdi.
Você tá em todo canto.
Sempre acabo te vendo aqui ou ali.
Me tirei os olhos e te vi na minha mente.
Então me permiti te ver sem temer.
É inevitável quando a alma sente.

22 CORES DE DENTRO

Pele na pele é longe para o tanto que meu corpo precisa ficar perto do seu.
Almas conversando.
Corações gritando.
Corpos se abraçando.
Parece que o mundo inteiro segue harmonicamente cantando.
Sem parar, sem hesitar.
Só sabem ecoar.
Um som bom e leve assim como o nosso amor.
Livre de qualquer pudor.
Antes tava tudo em preto e branco.
Você tocou e eu vi cor.

23 IMORTALIDADE

Gosto do jeito que me faz te olhar.
É natural.
Sem igual.
Transmite uma paz totalmente factual.
Me faz esquecer do fato de que sou simplesmente mortal.
Me faz sentir de maneira surreal.
Como se eu pudesse voar.
Assim como já te disse que é a sensação de encontrar o seu olhar.
Nunca vou te soltar.
Prometo sempre ao teu lado caminhar.
E caso não consiga andar não se preocupe, faço questão de te carregar.

24 RENASCIMENTO DAS BORBOLETAS

Tentei matá-las em legítima defesa.
Elas.
As borboletas.
Bebi inseticida.
Me enrolei numa rede para impedi-las de entrar.
Mas de qualquer forma não iria adiantar.
Nada impede um coração com sede de amar.
Então me deixei levar.
Você me faz sentir como um sol em forma humana.
E disso elas parecem gostar.

25 ASAS COM COORDENADAS

Minhas borboletas só batem as asas para ti.
Você as trouxe de volta.
Me trouxe de volta pra mim.
Eu tava perdida.
Me encontrei.
Te encontrei.
Nos encontrei.
E o caminho de volta até você já decorei.

26   4 INFINITOS

Amo escrever sobre amor.
Uma palavra que não cabe em suas quatro letras.
Cada uma delas que carrega um infinito.
Um infinito de diferentes sabores.
Diferentes dores.
Instantes eternos capturados por infinitos.
Os infinitos mais lindos.
Os amores.

CONFESSO POETICAMENTE

Escrevo tudo que eu não consigo falar.
Então vou escrever esse aqui pra te contar.
Não tava nos meus planos me apaixonar.
Mas você é tanta arte que dá vontade de gritar.
Gritar para o mundo inteiro que eu te quero.
Te venero.
E se eu te contar pode parecer exagero.
Mas te sinto com cada nervo do meu.
Corpo.
Cada osso.
Espero um dia poder ter pra mim essa sua arte.
Pelo menos um pouco.

28 DISTORÇÃO

Me olhar no espelho e não me ver.
Essa não sou eu.
Não é quem eu quero ser.
Sempre me assusto quando começa a doer.
Tudo aqui começa a se corroer.
Eu quero muito ir.
Mas não quero deixar você.

 CORAÇÃO COM PERNAS

Passei a me perguntar
qual parte de mim eu precisaria abrir pra você ficar?
E quando concluí meu pensamento, descobri que não
era a parte que eu gostaria de te mostrar.
Me arrependi no mesmo instante em que você começou
a me tocar.
Mas suas mãos tapavam minha boca, era tarde demais
para gritar.
Então fui obrigada a me calar.
E dolorosamente aguentar.

30 ENTRELAÇADA COM A DOR

Dor e amor não andam juntos.
De mãos dadas.
Entrelaçadas.
Fica cada um de um lado da calçada.
Ou pelo menos era pra ser assim.
Mas com você, o amor me largou e fiquei de mãos dadas com a dor até o fim.

31 MORTA

Morreu.
Mas foi muito antes de vir a óbito.
Sequer veio.
Mas já está morta.
Desprovida de existência.
Mesmo estando predominantemente viva.
Tensa.
Morta.
Cansada de permanecer.
Prestes a desaparecer.
Morta.

32 AMOR ESTRANHO

Sei que você está tentando me amar.
Apesar do jeito estranho de demonstrar.
Enfim, não vai rolar.
Essa que você quer usar eu não sei ser.
Só sei ser eu, só sei me ver.
Então você não vai me ter.

33 VOO LIVRE

Enquanto leem isto, eu já fui
me sinto presa e livre ao mesmo tempo.
Sei voar
mas me sinto pesada demais para conseguir levantar
algo sempre tenta me derrubar.
Cansei de me importar.
Vou só voar, o mais alto que eu conseguir, sem nem
pensar.

34 SUPERIORIDADE INJUSTA

Se tu soubesse as coisas que eu faço por você.
Talvez assim me deixaria crescer.
Teria vergonha de olhar na minha cara e dizer que desiste de mim.
Não é assim.
De que adianta depois pedir desculpas se isso não vai anular a minha culpa?
De nada adianta se arrepender depois que eu já senti de novo aquela mesma vontade de morrer.

35 GRITO SILENCIOSO

Hoje não.
Eu simplesmente desisti.
Me derramei no chão.
Pausei a canção.
Um ato de desespero.
Socorro!
Gritei.
Esperneei.
Mas ninguém resolveu aparecer.
Tô indo embora.
Mesmo sabendo que eu mal cheguei.

36 PAGUE O FALSO AMOR

Se uma promessa é uma dívida, me pague.
Me pague as centenas que você me deve.
Centenas de juras de amor mal-acabadas.
Falsas.
Cole as centenas de pedaços que de mim despencaram quando você se foi.
Foi e me deixou completamente só.
Sem esperanças.
Despedaçada.
Simplesmente arruinada.

37 PRESENÇA INVISÍVEL

Acho que se eu parasse de respirar você demoraria a notar.
Oi, eu tô aqui, não fui dormir.
Tô mais do que acordada.
Esperando a próxima vez que você vai precisar de mim.
E como a otária que sou.
Com certeza vou te dizer sim.

38 — EXISTÊNCIA DETESTÁVEL

Dizem que mentira tem perna curta.
Mas perna curta é mais ligeira, né?
De fato, você mente que nem sente.
Por sorte não consigo mais acreditar em nada que você diz.
Infelizmente ou felizmente.
Te esquecer foi o que salvou a minha mente.

39 COMA INDUZIDO

O coração parou quando conheci você.
Mas parou mesmo.
Tá acordando do coma só agora.
Me perdi.
Morri.
Me reconheci.

40 EU E AQUI DENTRO

Eu e tu.
Mundinho.
Infinito.
Só nosso.
Sempre.
Para sempre.

IRMANDADE

Caso precise chorar, meu ombro é seu.
Suas lágrimas são minhas.
E os sorrisos também.
Eu até diria amizade, mas vai além.
Irmandade.
Por ter você, sinto certa imortalidade.
Posso tudo, e se eu me machucar, sei que vai cuidar de mim mais tarde.

42 SUPORTE GENUÍNO

Sempre estão aqui pra mim.
Pra mim, não.
Para as minhas festas.
Para os meus momentos felizes.
Nunca quando eu tô triste.
Eu passava horas, dias, até meses me perguntando se encontraria alguém de verdade.
Alguém que se importasse.
Alguém que estivesse comigo no topo do mundo.
Mas que também fosse me segurar quando eu desequilibrasse.
Agora finalmente estou aprendendo o que é amizade.
Obrigada por, de certa forma, me mostrar o que é liberdade.

43 ESGOTADA

Eu sei que a minha liberdade te assusta.
De início ela me aterrorizou também.
Mas é tão gostoso quando você vai além.
Além com você mesmo.
Seu corpo.
Seu próprio toque.
E quando finalmente se conhece.
Você entra em choque.
Então não haverá mais ilimitadas versões de mim no seu estoque.

44 BAGUNÇA PARTICULAR

Estado perpétuo de inexistência.
Mas não é morte.
Estado fixo de movimento.
Mas não é transporte.
Eu tô viva.
Sigo parada.
Mas tô toda bagunçada.
Indiferente.
Indigente.
Sei lá.
Mas não vou desistir.
Seguir em frente.
Um dia vou ser como ela.
Forte.
Revolucionária.
Artista.
Extraordinária.
Foda.
E, principalmente, diferente da gentalha.

45 OBLIQUIDADE

Me encontrei consumida pelo medo de me tornar uma pessoa oblíqua.
Torta.
Indireta.
Que nunca andou em linha reta.
Mas se seguirmos a mesma linha, não tem espaço pra adrenalina.
Para o frio na barriga.
Não cabe a parte gostosa da vida.
A parte que só existe quando se é oblíquo no meio de eternos seres retos.
Discretos.
Corretos.

46 SEGUNDOS INSTANTÂNEOS

O vento.

A janela do carro aberta e meus cabelos voando para trás.

A preocupação ausente.

Nada ocupa a minha mente.

Meu corpo leve.

Meus músculos parecem entrar em greve.

Mas uma mão brevemente fecha os vidros novamente.

E tudo piora instantaneamente.

Volto a me atordoar com os pensamentos da minha própria mente.

47 CUSPIDA PELA ÚLTIMA VEZ

Você me quebrou.
Me despedaçou.
Me jogou.
Me cuspiu.
Me largou.
Mesmo assim te ajudei a chegar aonde você chegou.
Dessa vez pela última vez.
Não pense mais que eu sempre vou.

48 — LIBERDADE EXISTENCIAL

Vulnerabilidade é a nossa maior qualidade.
Eu te amo, de verdade.
Mas escolho a minha liberdade.
Liberdade de existir.
Você me proíbe de sentir.
Então tá decidido.
Bloqueei meu coração e ele não pode mais te ouvir.

49 MEMÓRIAS DETESTÁVEIS

Memórias de um tempo em que você ainda sabia me amar.
Fotos e vídeos de quando você ainda gostava de me cuidar.
Quase não aguentei quando você resolveu parar.
Mas agora só construo memórias com quem sabe de fato me valorizar.

50 PIQUE-ESCONDE

Meu corpo implorando por silêncio.
E minha mente fingindo que não ouve.
Minha mente implorando por mais.
E o meu corpo se perguntando o que houve.
Exaustão, ela responde.
Não aguento mais esse nosso pique-esconde.

51 INDECISÃO MORTAL

Eu já estou farta.
Farta de dar um passo e voltar para a linha de largada cansada.
Mas apesar da exaustão, continuo tentando.
Não queria desistir, mas eu tô cogitando.
Sem parar, você vai e volta.
E ainda tem a audácia de dizer que não entende a minha revolta.

52 ME DEVOLVA A MIM

Tá doendo muito.
Nunca doeu tanto.
Tá me rasgando.
Tenho medo dos meus pensamentos.
De mim.
Não quero mais ser assim.
Preciso voltar a ser ela.
Aquela que eu era.
Mas ela faleceu.
E o medo, por sua vez, só cresceu.

53 HUMANIDADE RACIAL

Ver cor e não valor.
Não somos todos iguais porque nem todos sentem a mesma dor.
Branca demais pra ser preta.
Preta demais pra ser branca.
Posso ser franca? Esse bagulho cansa.
Quem decide não é a banca.
É o racismo.
É alguém atravessando a rua para não ter que dividir a calçada com um preto de qualquer cor.
Não o seu criticismo.

54 (E)STADO CRÍTICO

Sinto pavor de morrer de tanta realidade.
Tanta brutalidade.
Sinto falta da humanidade.
Nos foi tomada a sanidade.
Tivemos que abrir mão de sermos humanos pra manter o mínimo de um Estado são.
O mundo pode precisar de uns reparos.
Mas são as pessoas que o habitam que de fato precisam de uma transformação.

55 MIRA-ALVO

Engraçado.
A bala perdida sempre é encontrada num corpo preto.
Se perdeu no corpo de João Pedro.
Mas foi encontrada com coordenadas.
Quantas mais Breonnas?
Quantos mais George's?
Quantos mais vão ter que morrer "sem querer"?
Quantos mais para você entender?
Entender que o racismo consome.
Não é difícil ver.

56 SEDE DE MIM

Engoli o mar numa tentativa desesperada de recuperar tudo que eu perdi.
Não, não perdi.
Você me roubou.
Me tirou.
E dessa vez foi o sol quem me salvou.
Não me identifico mais com o meu eu que você matou.

57 SEDE DE ÓDIO

Sedenta por autodestruição.
Presa e viciada na depreciação.
A vida já não é mais uma canção.
O ritmo acabou.
Meu coração caiu no chão.
De luto pela melodia que cessou de tanta dilaceração.

58 FLORES MORTAS

Quando as flores aceitam a água da chuva e a luz do sol, elas florescem.
Eu aceitei o seu amor e carinho.
Não floresci.
Sumi.
Você tem um jeito estranho de amar.
E achou uma maneira muito simples de me derrubar.

59 ALMAS UNIVITELINAS

Vi que tava sozinha.
Igual a mim.
A lágrima escorreu e ardeu.
Nossa, como doeu.
Mas a gente se socorreu.
Teu coração salvou o meu.
E o meu resgatou o seu.

60 ACASO CERTEIRO

Te amar desesperadamente.
Te amar como se tudo pudesse acabar instantaneamente.
De repente.
Mesmo assim a gente é para sempre.
Gritar como se tivesse cheio de gente.
Te amar como se fosse um presente.
Porque é.
Uma dádiva.
Me entregar abundantemente.
Completamente.
Te amar como se de repente o mundo fosse acabar.
E mesmo assim eu ia continuar te desejando.
Um desejo que absolutamente nada pode arruinar.
Nem mesmo o fim de tudo.
Nunca vivi um acaso tão certeiro, tão profundo.
Te quero para sempre, até depois do fim do mundo.

61 — CALMARIA DO DESEJO

Da primeira vez que me despi na sua frente, você não soube o que fazer.
Disse que andou ocupada demais desvendando os meus olhos para perceber.
Mas de algum jeito estava pronta para me ver.
Me receber.
De carne.
Osso.
E alma.
Mas sem pressa.
Apesar da necessidade.
Sempre com calma.

62 CALOR PARTICULAR

Foi tão quente.

Nosso.

Envolvente.

Sabe quando arrepia cada parte do corpo da gente?

Sei lá, foi diferente.

Te senti forte sem mover um músculo.

E derreti quando movi.

Movemos.

Envolvemos.

Nos absorvemos.

Foi calmo.

Desesperado.

Confortavelmente improvisado.

Mas ao mesmo tempo, extremamente real e ensaiado.

63 ME DEVORE POR DENTRO

Me prove com os olhos.
Me devore com a alma.
Me explore com o coração.
Se me quer de verdade, não me peça perdão.
Pois meus músculos imploram por um toque seu.
Imploram para que invada o que costumava ser só meu.

64 PECINHAS DO AMOR

Me vi procurando a última peça do quebra-cabeça que eu havia perdido.
A mais difícil de achar.
Mas que quando encaixa, completa tudo.
E a junção de todas as peças é uma visão quase que irresistível.
Um efeito irreversível.
Adrenalina irredutível.
Peças tão fortes que quando juntas trazem uma paz indestrutível.

65   FAÇA SEUS OS MEUS

Tão linda que me dá agonia.
Sei que não vê ainda.
Mas vou te fazer enxergar com meus olhos.
Não importa se demorar uma vida.
Não será perdida.
Vai valer a pena quando conseguir enxergar toda a sua maestria.

 ## CORAÇÕES EQUIVALENTES

Amo ter você.

Ouvir você.

De fato, te ver.

A ti pertencer.

Tava escrito nas estrelas.

Nosso amor era pra acontecer.

A gente existe para ser um do outro, potentes, dois corações equivalentes.

67 SINAL EM FORMA DE GENTE

Não te olham como eu te vejo.
Te enxergo muito além de um simples desejo banal.
Exclusivamente carnal.
Pra mim você é um sinal.
Um sinal de que o amor ainda existe.
E que meu amor não vai viver eternamente triste.

 BOIANDO NO TEU MAR

Mesmo com seu oceano forte tu não me deixou afogar e me ensinou a nadar.
Nadei e senti cada um de seus grãos de areia no fundo tocarem meus pés suavemente.
Só tem você na minha mente.
Você e seu oceano infinito que a cada mergulho me dão mais vontade de nadar para a frente.

69 SENTINDO POR ACASO

A incerteza da paixão.
Ela quem faz bater o coração.
Faz arrepiar até o último pelo do corpo.
Descompassa a respiração.
É como se entregar sem intenção.
Sentir sem pretensão.
Até você não conseguir mais dizer não.

70 APLAUSOS PELA ALMA

O racional grita.
Mas o emocional cochicha mais alto.
A mente se esconde,
mas o coração abre as cortinas do palco.
O silêncio da plateia esperneia dentro de mim,
mas os seus aplausos ecoam.
Tu grita que minha alma soa linda.
Eu agradeço, nunca achei que alguém escutaria a minha essência assim.

71 SEGREDO POÉTICO

Minha poesia te conta tudo que um dia eu não consegui.
Eu escrevo a minha cura.
A minha morte.
A minha vida.
O que ninguém vê.
Minha parte despida.
Escrevo para me encher de arte.
E para evitar fazer da vulnerabilidade a minha despedida.

72 A ARTE DE VIVER

A arte de tornar cheia uma dor vazia.
Transbordar o raso.
Afogar com uma gota d'água.
Existir, esse é o caso.
Essa arte não tem prazo.
Nem validade.
Vive dentro da subjetividade.
Exista, se permita ter essa oportunidade.

73 TRANSFORMAÇÃO ARTÍSTICA

Vivendo em prol da arte.
Da execução.
Da revolução.
Bora, todo mundo segurando a mão.
Com certeza cairemos no chão,
mas iremos nos levantar dançando,
gritando,
e o mundo aos poucos vai reparando,
a gente tá só começando.

# TÚMULO(S) DE MIM

Aqui jaz o corpo de um eu que já morreu há tempos.
Morreu pra eu conseguir viver.
Eu tive que morrer para conseguir nascer.
Mas agora sou eu mesmo.
Sem tirar nem pôr.
Reaprendendo.
Caindo.
Me reerguendo.
Resistindo e existindo como nunca.
Eu e a arte, juntas.

75 AR(DOR)

Não sei se é dor.
É ardor.
Arde muito.
Queima.
Incendeia.
Sua existência me golpeia.
Ou pelo menos é o que costumava acontecer.
Mas dessa vez sinto que assim não vai ser.
Me pego no espelho admirando meu existir.
Eu me faço sorrir.
Eu sabia que iria conseguir.
Enfim, renasci.

12 MORTES

Morri 12 vezes no último ano.
Uma em cada mês.
Mas hoje foi o fim disso.
Morri pela última vez.
Você não vai mais me matar.
Eu não vou deixar.

UM DE CADA VEZ

Dor pura.
Censura.
Em busca da cura.
Mas em sucesso.
Recesso.
Desistência.
Mais dor.
E finalmente, resiliência.

78 COREOGRAFIA VITAL

A vida para mim é uma dança.
Toda essa combinação de passos me encanta.
Grito com o corpo quando não posso falar.
Danço com a alma quando não consigo me movimentar.
É lindo viver em musicalidade.
Juntamente a liberdade.
Valsa com o sol.
Tango com a chuva.
Me sinto até um pouco atrevida.
Um eterno dueto dançante com a vida.

DE CORPO, MENTE E ALMA

Danço pra parar de sentir.
Danço para o coração voltar.
Escrevo pra poder falar.
Escrevo para me segurar.
Canto pra ouvir melhor.
Canto para parar de escutar.
Teatro pra me ter de volta.
Teatro para me doar.
Faço arte pra doer.
Faço arte para curar.

80 DESALMA

Fui taxada de insensível.
Desumana.
Desalmada,
mas na verdade minha alma tava cheia de luz.
Você quem não estava preparada.
Não estava preparada para me enxergar de uma maneira que não fosse te cegar.
Não estava preparada para me ter sem querer me matar.
Aprendi a me amar.
Me ouvir.
Me sentir.
E finalmente te deixei partir.